李东垣

脾胃学说创始人

马跃　编写

U0671284

吉林出版集团股份有限公司
全国百佳图书出版单位

图书在版编目（CIP）数据

脾胃学说创始人　李东垣 / 马跃编. -- 长春 ：
吉林出版集团股份有限公司，2020.2（2023.5重印）
ISBN 978-7-5581-8085-9

Ⅰ. ①脾… Ⅱ. ①马… Ⅲ. ①李东垣（1180—1251）
—传记 Ⅳ. ①K826.2

中国版本图书馆CIP数据核字(2019)第272589号

脾胃学说创始人　李东垣

PIWEI XUESHUO CHUANGSHIREN
LI DONGYUAN

编　　写 马　跃
策　　划 曹　恒
责任编辑 黄　群
林　琳
封面设计 MM末末美书

开　　本 710mm×1000mm　1/16	**出版/发行** 吉林出版集团股份有限公司
字　　数 75千	**地　　址** 吉林省长春市福祉大路5788号
印　　张 8	**邮　　编** 130000
版　　次 2020年2月第1版	**电　　话** 0431-81629968
印　　次 2023年5月第2次印刷	**邮　　箱** 11915286@qq.com

印　　刷 三河市金兆印刷装订有限公司　ISBN 978-7-5581-8085-9　**定　价** 39.80元

前言

中医文化是中国优秀传统文化的重要组成部分，具有创新文化的潜质。中医学是中国传统科学中沿用至今的富有中国文化特色的医学，它具有完备的理论体系。独特的诊疗方法和显著的临床疗效等特征。在中华民族五千年的历史长河中，中医学始终担负着促进人身健康的重要角色，是中华民族长期同疾病作斗争的智慧结晶。它为中华民族的繁衍、昌盛提供了重要保障。

《脾胃学说创始人 李东垣》这本书主要收录了李东垣的成长经历和奇闻逸事等。读者通过这些故事，可以了解中医名家救死扶伤、拯救天下苍生的医德精神和中医文化的博大精深。

本书内容通俗生动，易于读者阅读。书中配以与中医文化知识相关的图片，并选取了具有代表性的李东垣家乡的特色风光作为跨页大图，使本书的内容更加生动传神，更具亲和力和吸引力。本书不仅是为了让读者了解中医文化，更是为了讲好“中国故事”“中医故事”。

希望通过本书，读者对优秀中医文化会有更加深刻的了解和认识，能够更加热爱中医文化。通过我们对医学名家的传颂，优秀的中医文化必将再放异彩。

MU 目 LU 录

李东垣，金代医学家。名杲，字明之，真定（今河北正定）人。著有《内外伤辨惑论》《脾胃论》《兰室秘藏》等。

第一章

生逢乱世　洁身自好

李东垣出身显贵，性情刚正，博览群书，广交贤人，出淤泥而不染，不随波逐流。“三岁看大，七岁看老”，他从小的性格注定将成为一代名医。李东垣创下的脾胃学说，给后人留下了宝贵的医学财富。

1180 年，真定首富李家，迎来了一个不俗的婴孩。说他不俗，是因为这个孩子成长过程中有着与年龄不符的睿智、沉稳与果断。李东垣出生的时候，成吉思汗正在蒙古大草原上崛起，真定处于金人的统治之下，人们生活在惶恐之中。李东垣家境殷实，他从小喜爱读书，熟读《论语》《孟子》《春秋》等儒家经典著作。在他家宅院内有块空地，空地上盖了一座书院，专门接待、帮助那些贫困的儒生。所以李家经常有名士出入，“谈笑有鸿儒，往来无白丁”。“近朱者赤”，受到这样良好家庭环境的影响，再加上他从小师从王从之和冯叔献两位名师，塑造了谦恭、踏实

莲花

的性格，培养良好的个人修养。

“两耳不闻窗外事，一心只读圣贤书。”李东垣除了读书就是和朋友谈论学问，他们从《论语》《孟子》谈到《春秋》，从修身齐家谈到治国，谈历史谈学术，凡是有益的学问无所不谈。物以类聚，人以群分，他结交了很多志同道合的朋友。也有好事之徒，想试试李东垣这个看似与年龄不符的少年是否真的只醉心于学问。有一次聚会，大家饮酒畅谈，并请来歌舞助兴，准备看李东垣是否会被美酒美色所诱。当被收买的歌女婀娜地向他走来时，他目不斜视；歌女坐在他身边时，他依然无动于衷；当歌女拉扯他的衣袖时，李东垣豁然起立，怒斥歌女。同时，李东垣做了一件大家认为匪夷所思的事情，他竟然脱掉自己的

《春秋左传正义》《论语何氏等集解》《孟子赵注》

外套，点了一把火，把歌女扯过的衣服烧了！如此方正守礼，试问天下能有几人哉！

这一次的试探，周围的人是真的领教了李东垣的正直，都暗暗佩服他。这事也成了大家茶余饭后的谈资：李首富家那小孩儿，不为女色所诱，真是谦谦君子呀！这个八卦很快传到了南宋使节的耳中，因好奇心趋使，他便想当面测试一下，眼见为实。于是南宋使节设了一个饭局，特意邀请李东垣出席。李东垣虽然心里纳闷，但还是带着揣测的心态前往赴宴。席间有侍女奉酒，并以眉目传情，用眼神勾引李东垣。

按理说这属于政治场合，人人都要应酬一下，李东垣也得勉强应付。他虽然一百个不乐意，但还是把酒喝了。此时，南宋使节哈哈大笑：“这个书呆子也不过如此，天下哪个男人不为美色所动。”可是就在这时，李东垣忽地起身走到门口，“哇”的一声，把刚刚喝进肚的酒都吐了出来。李东垣用行动表明，我虽然出于应酬把酒喝了，但污秽的东西进不到我的肚子，更进不到我的身体里，这玷污不了我的人格！多么有原则的人啊！有人觉得李东垣不近人情，其实不是的。在志趣相投的朋友面前，他却谈笑自若，风趣幽默，但是当志趣不投时，便是半点也不相容。

成吉思汗

普寧寺

入口
普宁寺

荷花

李东垣不惧世俗的眼光，不入浊流，以“世人皆醉我独醒”的态度，坚持自己的操守，做一个正直的人。正是这样的性格，为他今后的医学创新与成就打下了基础，造就了中医史上的一位名医。作为一个富家子弟，他不同于人们印象中寻花问柳的纨绔子弟，而是一心一意地学习，充实自己。李东垣尚且如此，我们更应当努力学习。要想在竞争激烈的社会立足，除了要有一身傲骨外，更要有真才实学，这样才能技压群雄。

知识加油站

金元四大家都有哪几位？

刘完素、张从正、朱丹溪和李东垣。

傲骨梅花

李东垣像

第二章

痛失爱亲　励志学医

特殊的经历塑造了李东垣坚定的信念，他不忘初心，励志学医，拜师于中医易水学派创始人张元素，不仅学习医术还学习做人，胸怀家国，济世救民，终于苦心人天不负，春秋四载学成归来。

有一年，李东垣的母亲得了重病，卧床不起，家人遍访名医，甚至不惜重金。可是由于当时医疗条件落后，不同的医生给出了不同的治法：有说是温症用温性药的，有说是热症用寒凉药的，还有说是寒症用热性药的，望闻问切四诊合参（中医诊断的方法），就是药不对症。一家人整天愁眉苦脸，坚持了一段时间后，李东垣的母亲还是去世了。这件事给李东垣的打击很大，看到母亲被病痛折磨而去世，自己却无能为力。“不知医者，不足以为人子！”痛哭过后，李东垣便产生了一个大胆的想法，也是他为之奋斗一生的理想，那就是励志学医。他要帮助那些生病的人，

还健康于百姓。

古代不像现在，想学医就可以考大学医学专业，古代学医都是靠师承薪火相传，由老师口口相授，再结合临症经验，当然学医者本身也要有悟性，肯吃苦。古有书童，也有药童，在师父身边，先学会认药、采药、抓药、熬药，熏陶一年半载的，了解药性之后才能学习真正的医术。李东垣人脉广泛，只要打听到医术高明的人，无论尊卑，必虚心拜师学医。一日，朋友告诉他，有一位医技精湛的大师，他就是中医易水学派创始人——张元素。

高山峻岭

相传金元四大家之首、河间派的鼻祖刘河间（即刘完素）曾经生过一场病，他认为很多病都是由“火”引起的，所以在治疗的时候偏重于寒凉的药物。古代中医学分不同派别，如同武功的不同派别一样，各有理论和功法，有争论也有交融。刘河间医治别人很拿手，唯独给自己下方子总也不见好。这日，朋友引荐了看似年轻的张元素。刘河间根本没把张元素放在眼里，可是张元素不计较这个，认真把脉，询问了刘河间近期的饮食和服药情况，然后开出了药方，药不多，但都是要药：君臣佐使（中药配伍原则），配伍合理。刘河间抱着试试看的态度服了一剂，结果，一剂药后居然就有了效果。从此张元素声名鹊起，而刘河间也受到了教育，一改往日以貌取人的态度。

张元素淡泊名利，视金钱如粪土。他重视培养学生的悟性，不单纯地告诉学生这个病人什么症状，应该用什么药治疗，而是通过让学生自己分析，讲出自己的看法，再由师父指导，授徒方式和现代的启发式教学十分相似。这么好的老师，这么怪的老师，能不能收下李东垣这个富家子弟呢?

李东垣求师若渴，听说了这位好老师当然不能错过，便备好学费、生活费，赶着车子，翻山越岭，历尽千辛万苦，来到了张元素家里。

张元素踱着步子，背着手，看着风尘仆仆的李东垣，问道:“你来这里做什么？”

莲花

山脉

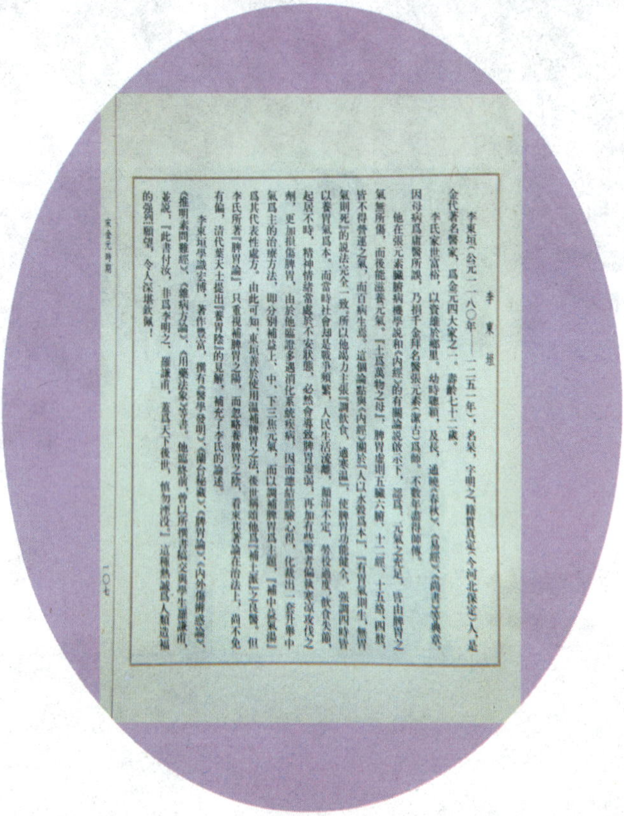

李東垣

李東垣（公元一一八〇年——一二五一年），名杲，字明之，籍貫真定（今河北保定）人，是金代著名醫家，爲金元四大家之一。壽齡七十二歲。

李氏家世富裕，以資雄於鄉里。幼時聰穎，及長，通曉《春秋》、《易經》、《尚書》等典章。因母病爲庸醫所誤，乃捐千金拜名醫張元素（潔古）爲師。不數年盡得師傳。

他在張元素臟腑病機學說和《內經》的有關論説啟示下，認爲「元氣之充足，皆由脾胃之氣無所傷，而後能滋養元氣」。『土爲萬物之母』，脾胃虛則五臟六腑、十二經、十五絡、四肢皆不得營運之氣，而百病生焉。這個論點與《內經》關於『人以水穀爲本』，『有胃氣則生，無胃氣則死』的說法完全一致。所以他竭力主張『調飲食，適寒溫』，使脾胃功能健全，強調四時皆以養胃氣爲本。而當時社會卻是戰爭頻繁，人民生活流離，顛沛不定，勞役過度，飲食失節，起居不時，精神情緒常處於不安狀態，必然會導致脾胃虛弱，再加有些醫者偏執寒涼攻伐之劑，更加損傷脾胃。由於他臨證多遇消化系統疾病，因而總結經驗心得，化裁出一套升舉中氣爲主的治療方法，即分別補益上、中、下三焦元氣，而以調補脾胃爲主體，『補中益氣湯』爲其代表性處方。由此可知，東垣善於使用溫補脾胃之法，後世稱頌他爲『補土派』之良醫，但李氏所著『脾胃論』，只重視補脾胃之陽，而忽略養脾胃之陰，看來其著論在治法上，尚不免有偏，清代葉天士提出『養胃陰』的見解，補充了李氏的論述。

李東垣學識宏博，著作豐富，撰有《醫學發明》、《蘭台秘藏》、《脾胃論》、《內外傷辨惑論》、《推明素問難經》、《雜病方論》、《用藥法象》等書。他臨終前，曾以所撰書稿交與學生羅謙甫，並說：『此書付汝，非爲李明之、羅謙甫，蓋爲天下後世，慎勿湮沒。』這種熱誠爲人類造福的強烈願望，令人深堪欽佩！

宋金元時期　一〇七

《脾胃论》内文

“拜您为师，学习医术。”李东垣不假思索地回答道。

“为什么要学医？”

“为了家里人，让他们不再生病。”李东垣回答得十分坦然。

张元素听完哈哈大笑：“年轻人应当心胸宽广，大丈夫要放眼天下，你应当为天下苍生学医，为他们驱疾避患，护佑健康！”

有时人与人之间的缘分也很奇怪，好似他俩一定会成为师徒一般。简短的问话后，张元素就正式收下了这个徒弟。张元素不仅看到了李东垣的质朴，还从李东垣坚定的眼神中找到了自信，这和当年的他有几分相似。从此，李东垣便安安心心地跟随张元素学习。张元素倾尽毕生所学，毫无保留地传授给了这位高徒。从理论到实践，从把脉到

荷花

冬天

开方，从治已病（已经出现的病症）到治未病（即将出现的病症，今人称亚健康状态），并将自己的独门绝技亲传与他。“师者，所以传道授业解惑也”，师父领进门，修行在个人，师父教是一方面，同时学生也要自身下功夫。李东垣不怕苦，不怕累，付出了常人双倍的努力，真可谓“有志者事竟成，苦心人天不负”。

千里马

知识加油站

什么是“六气致病”？

中医里有天人相应的观点，也就是说人与自然息息相关。自然界中的风、寒、热（中医里说暑）、湿、燥、火这六种气，在正常的时候是随着季节的变化而出现的。但是，当人体的状态失常的时候，或者天气反常的时候，这六种气就变成了让人患病的原因，称之为“六气致病”。如感受风寒易患风寒感冒，感受暑气易患肠胃疾病，感受湿邪易患湿疹等疾病。

山高路陡

第三章

牛刀初试　彰显医技

是金子在哪儿都能发光。扎实的中医理论功底，沉稳的性格，即使在人心惶惶的逆境，李东垣仍临危不乱，辨证论治，根据药性归经，结合临症经验，一举成名，闯出了属于自己的一片天。

四年的时间一晃就过去了，“好男儿志在四方”，尽管师徒情谊很深，李东垣也不得不辞别师父，开创自己的事业。

临别时张元素叮嘱李东垣：“治病救人是好事，但是要做到方症合一、诊断无误，这需要长期的临床实践与经验总结，你既不能小有所长、沾沾自喜，也不能畏首畏尾、不敢进取。关乎人的生死，务必谨慎小心。”

回到家，李东垣向父亲汇报了离家这几年的学习经历以及师父的劝诫，加上母亲为庸医所误莫名离世的往事，父子俩一商量，决定先出仕，同时为行医积累临症经验。就这样，二十岁的李东垣在济源做

龙胆草

了税务官。李东垣勤勤恳恳，认真负责，把当地税收工作做得很好。闲暇时偶尔出诊，为亲戚朋友看病，积累临床经验，他一有时间就看医术笔记，温习师父教的内容。就这样，李东垣的生活平淡且安静，但他不知道的是，一场无声无息的战争即将开始了。

古代的医疗条件堪忧，人们除了不懂常识，不重视环境卫生，最重要的是医疗资源短缺。医者、药品，只有富人才消费得起，老百姓生了病就挺着，实在挨不住了才请个大夫，抓把草药煮水喝。再加上平时吃喝拉撒混杂不清，这就使细菌和病毒有机可乘。1202 年，济源的春天才刚刚开始，一场可怕的瘟疫便席卷了北方大地。

按照六气致病的说法，那个春天暑热之气提前到来，气候干燥，出现了很多类似感冒的病人。这些病人都感觉身体冷，浑身没劲儿，没几天就开始头面肿大，眼睛几乎无法睁开，脑袋也随之胀大，疼痛

春天

难忍。随着病情发展，嗓子发炎、刺痛，说不出话来，连呼吸都十分困难，最终病情恶化直到死亡。起初的时候，人们以为是小病，没有太多关注和预防，但这个病发展迅速，扩散范围广泛，致死率极高。瘟疫开始肆虐，几乎到了无法控制的地步。于是各家房门紧闭，不敢再轻易与人接触，一时间人心惶惶。

根据病情症状，人们为这个瘟疫起名叫“大头天行”，也叫“大头瘟”。

白天燥热难耐，大风卷起灰尘夹杂着细菌和病毒刮过，大街上人烟稀少，人们不敢出门，见到病患如同见到了死神，人人自危。昼夜温差较大，夜晚依旧寒冷，只有树上的乌鸦在哀鸣。

大夫们此刻手脚忙乱，心急如焚，但也束手无策。他们聚集在一起，翻阅古籍，查找相关记载，探讨病情原理，斟酌用药，可是毫无意义，

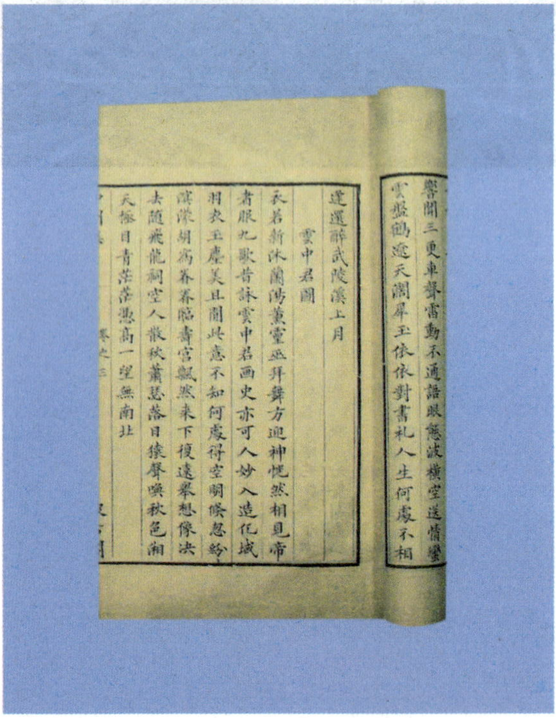

《中州集》内文

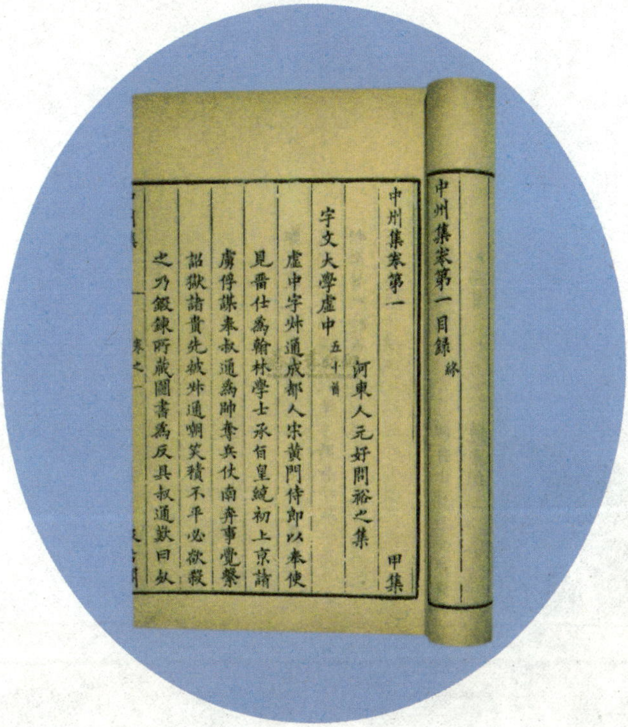

《中州集》目录

患者还是中病即死，无药可救。

李东垣此时在做什么呢？他也会把自己藏起来，躲开这个令人闻之变色的大头瘟吗？躲是没有用的，这也不是李东垣的性格，他迎难而上，决定攻克瘟疫。一开始，他还是没有多大信心的，毕竟只是一个二十多岁的年轻人，这个病老师也没教过，自己更没见过，只能完全凭自己的分析和推断下药，所以他还是很慎重的。“老吾老以及人之老，幼吾幼以及人之幼”，在看到邻居被病痛折磨的样子，孩子即将失去父母，也将感受和自己一样的丧亲之痛时，他坐不住了。李东垣把自己关在房间里，不让人打扰，冥思苦想，查阅中医典籍，寻找治疗的方法。

越是急躁的时候就越需要冷静，闭上眼睛，平心静气，他想起了老师张元素给他讲的医理。繁星点缀的夜空下，旷野里他和老师攀谈，人与自然和谐共处，天人合一。怎样以自然之理参悟人身之理呢？

李东垣睁开眼睛，嘴角慢慢上翘，形成一个弧度，心中也慢慢亮了起来。他做好防护措施后，给第一个瘟疫患者把了脉，并认真地对患者家属讲了辨证要点："人的身体和自然是一样的，人的上半身，与大自然中的天气相通；下半身，与地气相通。现在病邪进到心肺那里，邪毒向上攻，则导致了头面肿大，而泻下这种方法只是泻去了胃肠里的热，并不能集中攻击处于上半部的邪毒。我给出一个药方，按照我说的去做，密切观察，同时做好消毒。"患者家属听了这些话，丈二和尚摸不着头脑，但又感觉有道理，便连连称是。

李东垣凝神静气，根据看到的表征患者的既往情况，结合脉象特点，思考片刻后，病邪的位置、药物进入经络的路线、药性需要到达的位置，一切都慢慢地清晰起来。他徐徐提笔，开出了治疗这场瘟疫的第一张药方。

由于病人已经神志不清，李东垣又嘱咐家属让其把药研成粉末，一半用水煎，一半做成药丸，让病人含在嘴里。死马当活马医，在大家没抱多大希望的时候，昏迷多日的患者忽然咳嗽起来。大家赶紧围了过去，急切地询问着，只见患者面色转为红润，嘴唇也有了血色，目光也不再游离。咳嗽了一阵后，病人渐渐平静下来，虚弱地说了一句："我饿了。"这是第

家乡一景

青稞

一个得了病又缓过来的人，大家喜出望外，赶紧准备米粥。李东垣终于放下了心。整个治疗过程中，他是最紧张、最辛苦的人，一方面要动脑开方，一方面要承受着无形的压力。此时李东垣疲惫的脸上露出了久违的笑容，一行热泪夺眶而出，那是喜悦的，也是思念的。如果当年自己懂得医术，一定会亲自救活母亲，让母亲和他一起分享如今的成果。他成功了，他真的成功了！

李东垣治好大头瘟的消息一时传遍了十里八村，前来把脉求方的人络绎不绝。他便命人把这个方子刻在各条主要道路路口的指示牌上，供患病的百姓去抄用。后来，有人把这个方子刻在石头上，希望它永远流传下去，如果后代再遇到大头瘟，就可以用这个方子来解除病痛。甚至有人传说这个方子是上天可怜凡间的百姓，派仙人创出的。这个方子的名字就叫普济消毒饮子，现代中医叫“普济消毒饮”，是中医发展史上的重点方剂。时至今日，在治疗某些热性传染性疾病的时候，依然会以这个方子为主方进行加减，供患者临床服用。

知识加油站

为什么要给生病的人喝粥?

因为米粥营养丰富，易于消化吸收，尤其擅于顾护胃气，久病之人胃气虚弱，俗话说是病“三分治七分养”，胃气强则病愈良，甚至不药而愈，养足胃气病自除。

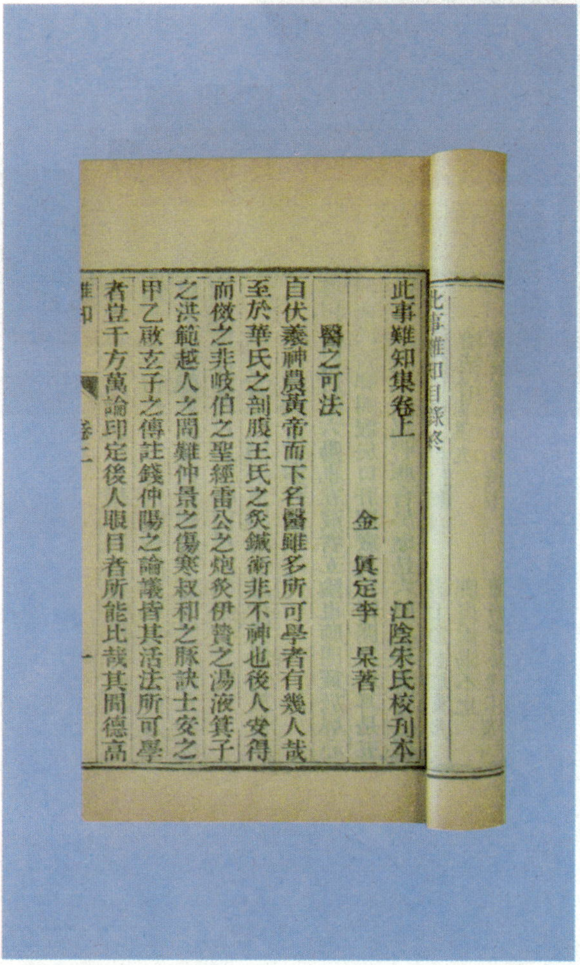

此事難知目録終

此事難知集卷上　江陰朱氏校刊本

金　眞定李　杲著

醫之可法

自伏羲神農黃帝而下名醫雖多所可學者有幾人哉至於華氏之剖腹王氏之灸鍼術非不神也後人安得而傚之非岐伯之聖經雷公之炮炙伊贄之湯液箕子之洪範越人之問難仲景之傷寒叔和之脈訣士安之甲乙啟玄子之傳註錢仲陽之論議皆其活法所可學者豈千方萬論印定後人眼目者所能比哉其間德高

《此事难知集》内文

开封府

第四章

瘟疫饥荒战乱　李东垣弃官从医

饱受战乱之苦的百姓，疾病缠身，缺医短药。民不聊生、家破国将亡时，李东垣挺身而出，大医精诚，普救含灵之苦。

古代，人们靠天吃饭，雨水足则是丰收年，雨水少就是饥荒年。

这一年，恰恰赶上山东、河南等地大旱，庄稼基本没有什么收成，老百姓没有粮食吃，叫天天不应，叫地地不灵。大家投亲靠友，四处逃亡。据记载，受当年旱灾的影响，大金皇帝宣布放弃骑马、降低御膳房伙食标准等以示节约。可见这次旱灾有多严重。

李东垣走在街上，望着满目疮痍的街道，心中一片凄凉。一户人家门边，坐着一个瘦弱的小女孩，因为饥饿，无力地哭着，大人已经饿死在床上了。再向街那边望去，一个女人无力地坐在街头，怀里是已经饿死的孩子，身边还有一个孩子在哭着喊饿。远处有个濒死的老人，目光呆滞。很多房子都空了，能走动的人都逃荒去了。

李东垣慢慢地走着，感到了一种从未有过的迷惘：“百姓的生活这么痛苦吗？我自己的家里很有钱，我可以不为吃饭而发愁。可是，面对这个地狱般的人间，难道我可以如此潇洒地过我自己的日子吗？我吃的饭不再香甜，菜也没有了滋味，我的心里一片凄凉。为饥寒交迫的人们心痛，为可怜的小女孩担忧，我感觉到他们每个人失去亲人的痛苦都如锋利的匕首刺进我的身体。”此时，富家子弟李东垣正经历着一种精神上的煎熬。

儒家思想讲孝，对父母的爱是孝，那是一种基于个人感情的爱，但是这个世界上还有一种对众生的爱。一个人，只有当他将对父母的

雪原觅食的马儿

孔子像

爱转化为对众生的爱时，他才能够成为一个伟大的人、一个至孝之人。

李东垣回到家里，拿出全部的钱，花高价买了一些大米，熬成米粥，在街上施舍。粥棚边，李东垣为灾民施粥，太阳把他的脸晒得失去了往日的白皙。“大家喝点儿粥吧，只要每天喝点儿粥，人就可以活下去了。大家一定要活下去啊！不管多么苦，大家也要坚持活下去啊！”这是他每天说得最多的话语，鼓励人们要挺住。李东垣就是这样一个刚正不阿、不趋炎附势、医术高超的人。他也是一个感性的人，具有医生所应具备的仁慈之心，“凡大医治病，必当安神定志，无欲无求，先发大慈恻隐之心，誓愿普救含灵之苦”。

文献记载，李东垣在这次饥荒中竭力赈济灾民，“全活者甚众”。

饥荒过后，李东垣发现有很多人的身体出现了一些奇怪的病征，比如少气懒言，四肢无力，稍一活动就感觉疲乏得不得了，还有的感觉身体恶寒发热等。对于这种身体发热，如果按照一般的外感疾病来治疗，则没有任何的效果。就是从这个时候开始，李东垣开始思考人的脾胃受到损伤后对健康的影响。由于不断地见到这样的患者，这种思考持续了很久，从摸不着头脑到逐渐清晰，一直到许多年以后，他最终创立了独特的脾胃学说。

李东垣出生的时候，当地百姓就受到大金的统治与掠夺。而现在，已经是不能再乱的乱世了。因为这个时候，成吉思汗已经制定了进攻大金国的策略，强大的军队开始对河北、山东等北方地区展开攻势，

千军万马

此时的金国，烽烟四起，警报频传。

1210 年底，蒙古兵开始侵扰金国西北边境。次年秋，成吉思汗南征金国，他派哲别为先锋，进攻金西北边疆的乌沙堡。同年八月，金军四十万在野狐岭与蒙古军决战，蒙古军以少胜多，金军主力被歼灭，蒙古军队长驱直入。十月，蒙古大军越过长城，包围了金的中都（今北京）。金军坚守，蒙古军久攻不下，大肆抢掠一番后北退。1213 年，蒙古军又分兵三路攻金：术赤、察合台、窝阔台率右路军，沿太行山南下，攻今河北、河南、山西诸州县；哈撒儿、斡赤斤率左路军，攻今河北东部诸州县；成吉思汗、拖雷统领中路军攻中都以南诸州县，大掠黄河以北的大名及山东西部各州县而还。其间，成吉思汗派其重臣木华黎率领一支蒙古军深入山东东部，攻破密州（今山东诸城），屠城而去。这样的战争接连不断。

在历史的记载中，虽然这些年没有任何关于李东垣的记录，但是，我们可以想象到当年李东垣的生活状态：同一般老百姓一样，突然听说蒙古军打来了，跑啊！于是大家全部逃散到似乎安全的地方，等蒙古军走了再回来。没两天，警报再起，蒙古军又来了！

这几乎是一种完全混乱的生活，人们无法正常做事，大家的耳朵都像兔子一样警觉地竖

成吉思汗像

着，只要听到警报，大家就开始跑，必须跑，因为跑晚了很可能就会被屠杀，或者变成奴隶。逃跑的过程中，已经没有了尊卑之分，不管是富家子弟还是穷苦百姓，到时候都是背起家当狂奔。就是在这个时期，李东垣彻底地融入了底层老百姓的生活之中，彻底地体会到了他们的悲惨生活。如果说在这之前的李东垣还过着有点儿矜持的体面生活的话，那么，从这个时期开始，命运把他这种矜持彻底打破，使他变成了一个和普通百姓一样的逃亡者。

到处是战乱，食不果腹，往哪里跑呢？好多人选择到汴梁（今河南开封市）去，大家都认为大城市安全，等警报过去了再回家乡。也

清晨

有人住得久了，适应了当地的生活，干脆就定居汴梁，安家立业了。

各地逃难的人纷纷涌入，使得汴梁一下子拥挤起来，整个汴梁都乱哄哄的，原本井井有条的市容市貌也被打乱了。疲乏的李东垣再也不想过着颠沛流离的生活了，他辞去监税官，留在汴梁，只想过一个普通百姓的生活。

可是事与愿违，又或者说是天意如此。

一天清早，一个青年人从很远的地方来，一路打听着，找到了李东垣。李东垣望着这张陌生的面孔，问道："你是谁呢？"青年人连忙跪下："我是张元素老师的学生，叫王好古。"李东垣一愣："师父他

日月如梭

老人家身体可好？”青年人顿时痛哭：“师父他老人家已经离世了。”泪水从李东垣的眼睛里涌出，他仿佛又看到了经常浮现在他脑海中的那个情景：在高山之巅，老师和他两个人站着，老师在为他讲述着自然之理，风吹动两个人的衣摆，不停地抖动……半晌，李东垣抑制住悲痛，问王好古：“师父有没有什么话留给我？”王好古：“师父让我把这些书交给您，他说，我还没有学成，让我跟着您继续学习。”李东垣看着他，仿佛看到了很多年前的自己。

时光荏苒，这么多年过去了，如今虽然与师父阴阳相隔，但恩师的音容笑貌历历在目，他时时记得师父当年的嘱托：“男子汉应胸怀家国，为百姓造福，解救众人于疾苦之中。”李东垣想：“我虽然没有征战沙场的本领，可是我有医术，这就是我的武器。从此以后，尽我所能，治病救人。”这样想着，李东垣豁然开朗。

于是，李东垣开设了一间小诊室，虽然只是在拥挤的房间里挤出一块空地，一张桌，一把椅，但李东垣带着徒弟王好古开始了一个伟大的创举。一方水土养育一方人民，而一代名医造福一代百姓。师徒二人白天出诊，晚上促膝长谈，探讨病人案例，记录不同时期不同疾病的发展变化，总结传统中医中药在治疗疾病

川贝母

中的特色疗法。李东垣认为人体五脏六腑与疾病的发生发展有着密切的关系，尤其脾胃两脏，直接影响疾病的发展程度。“脾胃内伤，百病由生”，造成脾胃内伤最主要的原因有饮食不节、劳逸不调，以及精神刺激等。认识到这一点的李东垣便开始在治疗中注意调理人体脾胃，创立了“脾胃学说”。他十分强调脾胃在人体健康方面的重要作用。因为在五行当中，脾胃属于中央土，所以，李东垣的学术派别也被称作“补土派”。

李东垣开的药方都很有特色，有时几味小药，中病即止；有时药味虽然繁多，但配伍合理，都能充分发挥每味药的最佳药性。后世有人评价李东垣开方开得好、开得妙。无论药味多少，他开的方子价格都不贵，让普通百姓也能吃得起药、治得好病。

有一天，一个吐血的患者找到李东垣。由于失血较多，李东垣一诊脉，发现患者双手六部脉弦细而涩，重按的时候感觉指下空虚，如按葱管，再一看脸，颜色惨白，面上没有光泽。经过色脉互参后判断，这是典型的大寒之症，寒邪致病的颜色特点为白色，同时还伴有气虚，气虚无力鼓动脉管，故脉弦细。于是李东垣就制定了治疗法则：用气味辛温的药物来补血、养血，用气味甘温、甘热、滑润的药物来作为佐药，开了个叫作人参饮子的方药。这个方子是用来治疗因脾胃虚弱而引起吐血，同时伴有气短、精神头不足等症状的疾病。

当归

人参

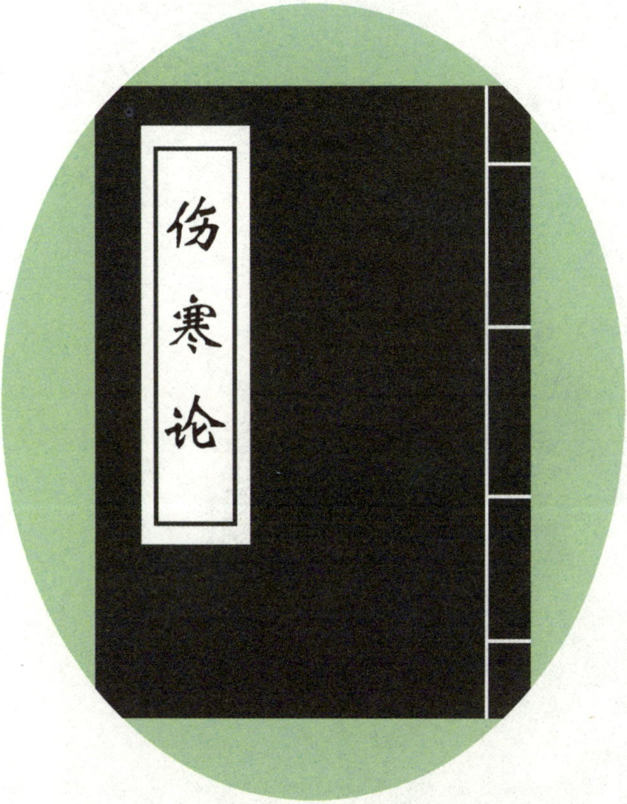

《伤寒论》

李东垣为他量身制定了一个药方，很快药到病除。但是到了冬天，患者因为睡在大热炕上，结果病又犯了，再次吐血。于是他又找到了李东垣。李东垣认真思考起来，这是个虚症没错啊，可是怎么睡了次火炕就犯了呢？其中必有蹊跷。于是他让患者躺下，检查患者的肚子进行腹诊。在患者的肚脐周围，他发现有结块的感觉，这才恍然大悟。原来这是个虚实夹杂型的患者，这个患者“火热在内，上气不足，阳气外虚”。冬天由于穿的衣衫单薄，使得阳气更加损伤，而表有大寒，则里面的火邪散不出来，所以才导致吐血。

这时李东垣想起了《伤寒论》中在治疗太阳伤寒时，对于脉紧无汗但却衄血的患者使用的是麻黄汤的治疗方法，于是就写了张方子，

蜜麻黄

叫作麻黄桂枝汤。方用：麻黄一钱，用来祛除外寒；黄芪一钱，用来实表益卫气；桂枝半钱，用来补表虚；白芍药一钱，益脾（实际也有和营血、清里热的作用）；甘草一钱，用来补脾胃的虚弱；人参二分，益上焦之气，同时实表；麦门冬三分，用来保脾气（实际是清肺中伏火）；五味子五个，用来安肺气；当归身半钱，用来和血养血。先煎麻黄，去上沫，然后下入剩下的药，临睡觉前服用。由于李东垣精细地分析了病情，所以获得了较好的疗效，这个病人只喝了一次药就好了，从此再没有犯过。

太阳

从李东垣这次看病的过程可以发现，他对《伤寒论》有着比较深的了解，但是他并不死套张仲景的方子，而是用张仲景的思想，然后自己灵活运用，随时组方。重古而不拘古，重视经典又能有所发挥，这就是名医的高明之处。

中医不同于西医，尤其古代没有任何仪器设备，单凭望闻问切四诊合参断疾病，没有一定的理论基础、临床经验和综合分析的功力是很难百分百一剂即中的。好比庖丁解牛，高明的厨工可以游刃有余，而技术一般的厨工，就只能提刀对着骨头乱砍了。李东垣就是这样一

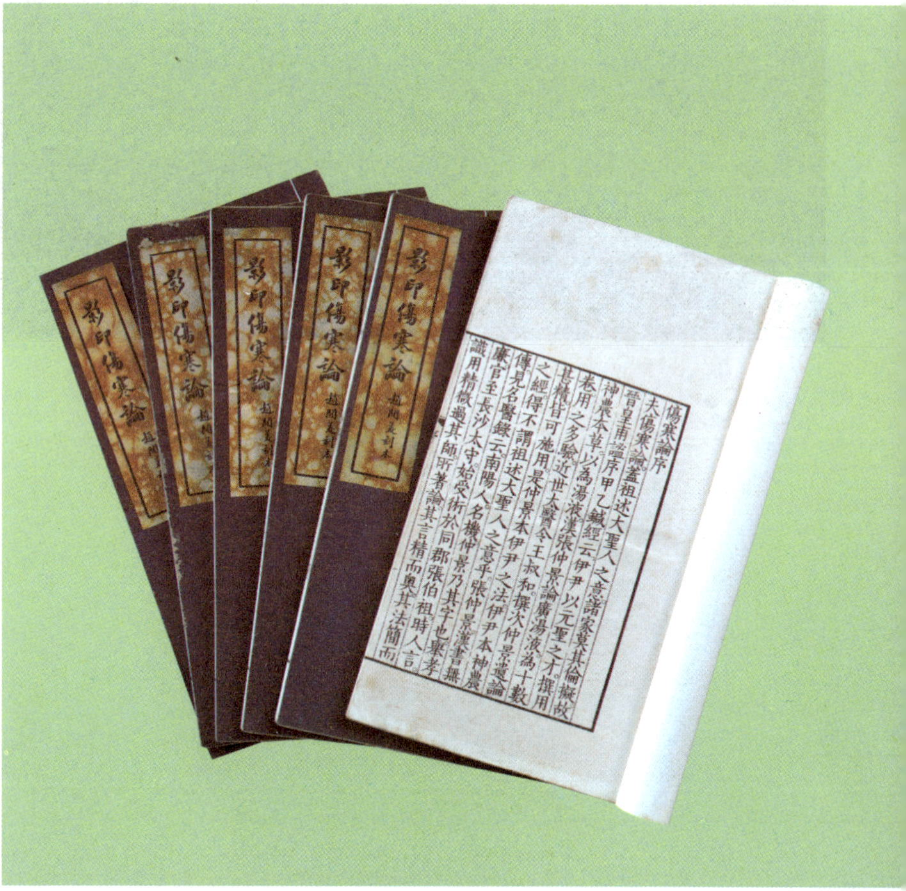

《伤寒论》

位高明的大夫，他阅读了大量医书、医案，对中医经典倒背如流，理解透彻，加上早年拜张元素为师，为他今后的从医和著书打下了基础。

李东垣小时候学习儒家经典师从于冯叔献先生。这位冯先生有个侄子，十六岁那年得了伤寒病（需要说明一下的是，此“伤寒”非彼“伤寒”，古代所说的伤寒同现在西医讲的伤寒不是一个病，古代把外感病统称伤寒，后世从里面又分出了温病），两眼通红，烦躁，口渴，乍一看是热病。冯家请了一个医生来看，医生觉得这是热症，让其服用承气汤，就是要用泻法，清泻内热。这时候，李东垣恰好来冯

张仲景像

家。冯叔献说："刚才请的医生说让用承气汤。"李东垣的认真劲儿上来了，他走到患者身边，伸手便搭在了脉上，可谁知这一切还真切出问题来了！李东垣自己都吓了一跳，说："多亏切了脉，要不然这个医生差点儿把孩子害死啊！这个医生的确是知道脉搏跳得快是热症，跳得慢是寒症，可是这个脉呼吸之间有七八至，应该是热极了，《黄帝内经》里早就说过脉和病有相反的时候。这个病症是阴盛隔阳于外，就是体内阴气太盛，虚弱的阳气反而被挤得没了地方，跑到外表来了。这种情况往往能够迷惑医家，医家看到外表的热象就以为是热症，而病情的真相却是大寒症。速持姜附（干姜和附子，都是大热之药）来。"

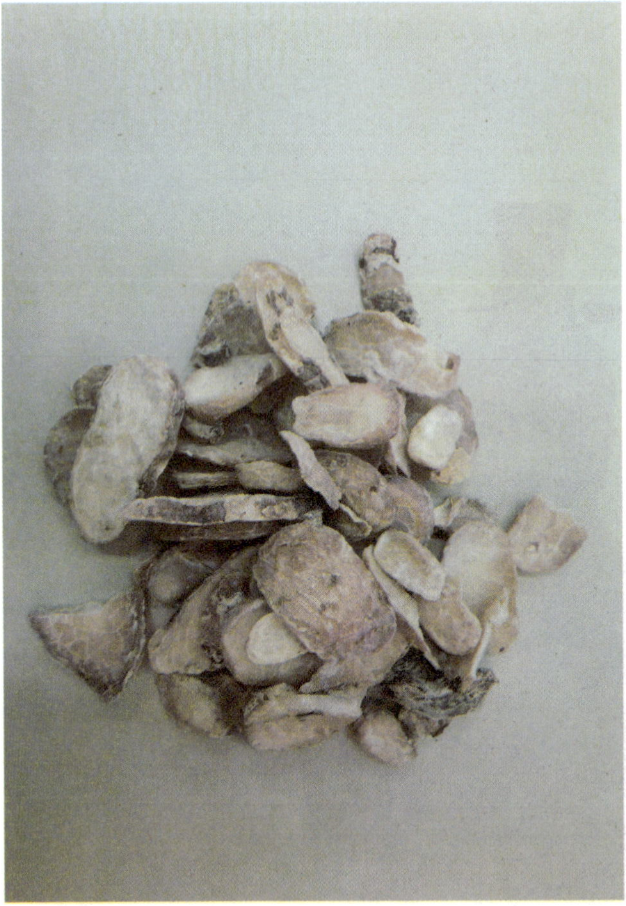

生附子

在这种紧急的情况下，李东垣开的方子量也大，让患者一次就服用八两。药还没有煎煮好，患者的情况就开始变化了，手指变成了青色，这时剩下的一点儿虚阳之气开始发散，说明患者已经非常危急了。这个时候如果真的还用承气汤让患者泻肚子的话，那么确实是要死人的。在服用了李东垣的汤药后，患者汗出而愈。

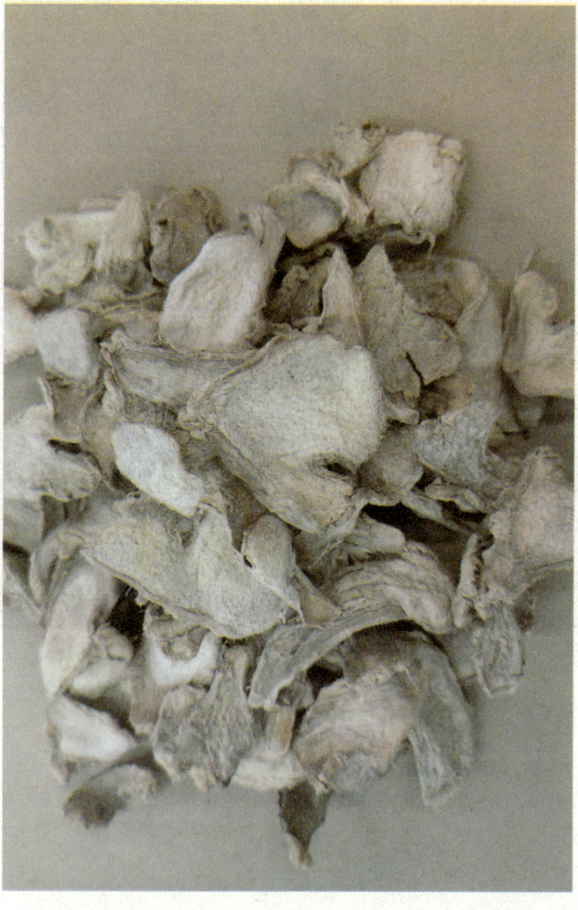

干姜

知识加油站

李东垣的徒弟王好古有何成就？

王好古跟随李东垣学习几年之后便独立行医，最终也成了历史上的一代名医。他的著作有《阴证略例》《医垒元戎》，同时整理了师父张元素的药物学经验，完成《汤液本草》一书，并将李东垣在教授他时说过的话进行整理，形成《此事难知》，流传至今。

成吉思汗

第五章

补中益气汤的诞生

朝代更迭，历史向前。蒙古灭金，围城大战，百姓深受其害，出现了新的疫情，李东垣独创方药，活人无数。

李东垣的童年和青少年时期是快乐的，过着衣食无忧的生活。但随着战争的爆发，他一直处于颠沛流离之中。他和所有人一样，每天一睁眼，能看到初升的太阳就是幸福的，不要到处逃难就是安逸的。

1232 年，蒙古大军挥师南下，直取汴梁，大金国的命运即将走到终点。捉贼捉赃，擒贼擒王。汴梁是大金国的都城，皇帝的宫室就在这里，攻克都城俘虏皇帝，占领要地，即可大获全胜，宣告新政权的开始。蒙古铁骑首先消灭了几路前来救驾的金朝大军，有的金军部队几乎全军被屠杀，这样，汴梁就变成了一座孤城。

在进行了惨烈的攻城战后，双方伤亡都较大，于是蒙古军队放出了狠招，采取了围城的方法，里面的出不去，外面的进不来，将汴梁百姓和十几万金军围得水泄不通。汴梁城变成了一座饥饿之城，能吃的都吃了，路上的老鼠都快成了奢侈品。围城从三月一直持续到四月初，双方决定暂时议和。不久，新一轮的围城又开始了，从七月一直持续到第二年的正月。正月初一，金哀宗出逃，正月下旬，守将崔立弃城投降。1234 年金哀宗被围自杀，金朝正式宣告灭亡。

受前后两次围城的影响，汴梁城内粮草断绝，饿殍遍野，新的疾病开始在城内流行。当时李东垣就被围在城内，他亲眼见到了大金国的灭亡过程，也亲眼见到了两国相争时百姓所受的摧残。“都人之不受

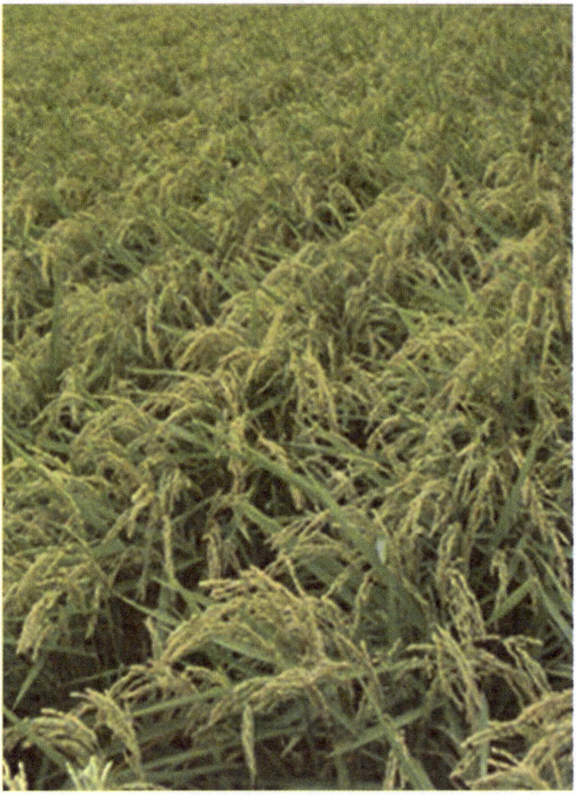

水稻

马儿

病者，万无一二。”每天病死的人不计其数，到底多到什么程度呢？据记载，当时汴梁几个城门每天往外送的尸体“多者二千，少者不下一千，似此者几三月”。历史学家元好问后来记录的是：“五六十日之间，为饮食劳倦所伤而殁者，将百万人。”

战乱之后必有瘟疫，果然新的瘟疫出现了。瘟疫在中医诊断中也被称为外感病，因此在治疗的时候都用治疗外感的方法，可是不但没有效果，病死的人却更多了。为什么呢？难道除了瘟疫，还有其他原因？

每天都有大量的患者在李东垣的面前死去。这是为什么呢？难道用治外感病的方法错了？事实证明，确实不能用治外感病的方法治疗，因为这根本就不是外感病，不属于瘟疫范畴，那这是什么病呢？

李东垣当时的心情，用热锅上的蚂蚁来形容一点儿也不过分。作为一名大夫，尤其是受百姓爱戴和敬仰的大夫，人们都寄希望于他，他必须有所担当和行动啊！

“老天啊，能告诉我这到底是什么病吗？应该怎么治疗呢？”李东垣无数次向苍天发问，可是老天没有回答，靠天不如靠己。李东垣是一个心思缜密的人，他一直在观察和思考着：“不可能是瘟疫，瘟疫虽然有一定的传染性，但也不至于发展得这么快。”李东垣推测，围城的时候，大家饥肠辘辘，还要被抓去做劳役，每天高强度地干活、守城，解围之后，突然有了食物，大家争抢着，使劲往嘴里塞，干瘪的胃肠瞬间爆满，导致脾胃受到伤害。难道这次的疾病与脾胃受伤有关？当别人还把精力放在驱瘟除疫上，李东垣却断定，围城时所遭受的饥饿与这次疾病有很大的关系。

李东垣不停地忙碌着，开方下药，改方再改方，斟酌再斟酌，每天都有很多的人死去，也有很多人愿意做他的试药员，横竖都是一死，不如放手让大夫一试。朴实的百姓在生命的最后仍然选择相信他们心中的支柱。随时都有人死亡，早日找到有效的药方就能早日解救百姓。李东垣来不及慢慢翻书找病理，只能凭借自己的经验和感觉，试着为病人开出药方，受试对象是他曾经的朋友、乡邻，他的眼睛早已血红，身体早已疲惫，大医之心也已千疮百孔。以前曾经思考过千万遍的论证，都在寻找一个理论

山高路险

体系的支撑，都在寻找一个突破口。他白天不停地看病，晚上不停地做记录，然后分析，再改进思路，再重新开方。

悲天悯人的种子早已在他的心中萌芽，此刻他只有一个念头，不放弃，赴汤蹈火也要攻克难题！他如同战场上的一个武士，面临着百倍的敌人，但是为了学医的初心，为了心中的信念，他必须战斗到最后一刻！

终于，有的患者开始有起色了，没有像其他人那样很快地死去。这给了李东垣很大的信心："看来我的思路是对的啊！"大夫们都惊奇地看着李东垣，这个理论让他们感到新鲜，翘首企盼李东垣进一步的

分析。

李东垣终于明白了，这绝对不是外感病，这是内伤病，必须放弃错误的外感病治疗方法，以治疗内伤病的思路来治疗。此处的内伤病是指因为饮食不当、劳倦、情志等原因引起的脏腑气血失调所导致的疾病，与外感传染病相对。身体羸弱，又暴饮暴食伤及脾胃或者生气，或者抑郁，这种由内部因素引起的疾病就叫内伤病。假如天气寒冷，感受风寒，流鼻涕，嗓子疼，浑身发冷，这种由外界因素引起的疾病就是外感病。

李东垣毫无保留，给大家讲授了一堂生动的病案课，并总结了大

旭日东升

石剑攒青千林天

脾胃论

《脾胃论》

脾胃論卷上　江陰朱氏校刊本
金　真定李杲著
脾胃虛實傳變論
五臟別論云胃大腸小腸三焦膀胱此五者天氣之所生也其氣象天故瀉而不藏此受五臟濁氣名曰傳化之府此不能久留輸瀉者也所謂五臟者藏精氣而不瀉也故滿而不能實六腑者傳化物而不藏故實而不能滿所以然者水穀入口則胃實而腸虛食下則腸實而胃虛故曰實而不滿滿而不實也陰陽應象大論云
脾胃論　卷上　一

《脾胃论》内文

量外感病与内伤病在诊断依据上的不同、理法方药的区别，内容十分丰富。其中许多理论至今在中医诊断中还在应用，也是从那时起，中医学里面的内伤病学体系有了新的发展。这个体系随着后世的完善，今天已经成为中医学的重要组成部分。

李东垣认为，饮食失节，寒温不调，会导致脾胃受伤，而情志失常、劳役过度则损耗人体的元气。如果脾胃受伤，元气不足，就会得内伤疾病。

李东垣特别重视脾胃的阳气，认为如果脾胃的阳气不足，那么身体就没有了补给的途径，这就是“生长之令不行”“无阳以护其荣卫”，从而导致一个人怕风寒，身体出现忽寒忽热的症状，同时会有四肢无力、

陈皮

慵懒、气短等症状。治疗这种病症需要用甘温之药补其中气，升其阳气；用甘寒之药泻其火。治疗了几个病人之后，李东垣大致归纳了几类，按照这几大类，他又创立了“补中益气汤”“羌活胜湿汤”“清暑益气汤”“升阳益胃汤”等诸多方药。李东垣将这些药做成丸剂或者制成粉末，“俾病者饵之”，结果“其所济活者，不可遍举”。很多脾胃受伤的人吃了李东垣的药，身体一点点得到恢复，也渐渐有了力气。在这些方药中，当属补中益气汤最有名气，现在已做成丸剂。补中益气汤以黄芪为君药，益气固表，人参、白术和炙甘草补气，陈皮宽中理气，升麻和柴胡托举阳气，当归养血生血。中医理论讲究阴阳相生，气为阳，血为阴，气生血，血养气，此方重在调养气血，加入当归事半功倍。

柴胡

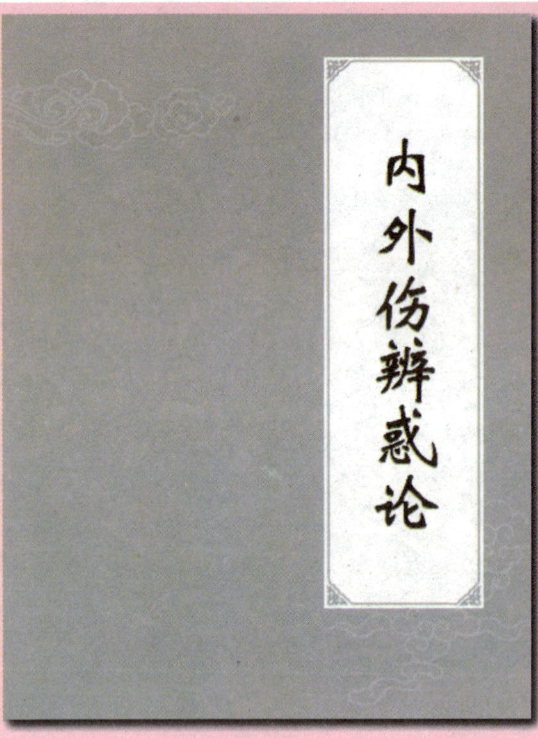

《内外伤辨惑论》

李东垣自己的身体在围城时也受到了很大的损伤。因为大家都没有饭吃，解除围城之后，李东垣又为百姓治病，整日操劳。通过这次的事件，李东垣深深地感受到，看似简单的道理却需要付出沉痛的代价，要在实践中摸索总结，创新发展，才能厚积薄发。十六年以后，他将这些经验总结了出来，写出了《内外伤辨惑论》。

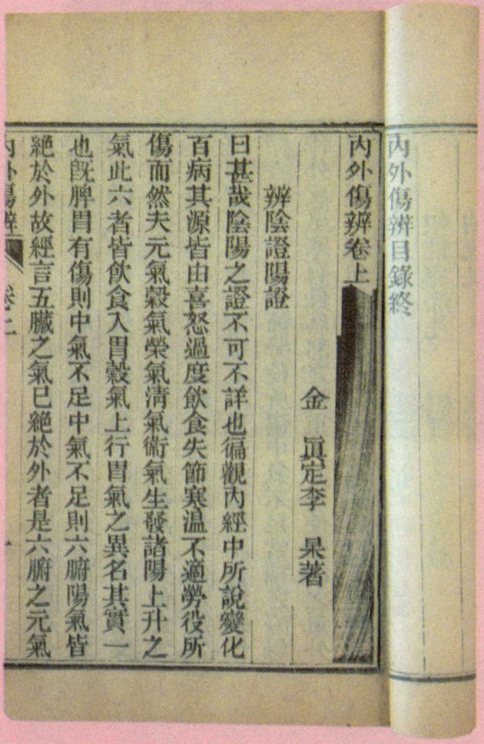
內外傷辨目錄終

內外傷辨卷上

金 眞定李 杲著

辨陰證陽證

曰甚哉陰陽之證不可不詳也徧觀內經中所說變化百病其源皆由喜怒過度飲食失節寒溫不適勞役所傷而然夫元氣穀氣榮氣清氣衛氣生發諸陽上升之氣此六者皆飲食入胃穀氣上行胃氣之異名其實一也既脾胃有傷則中氣不足中氣不足則六腑陽氣皆絕於外故經言五臟之氣已絕於外者是六腑之元氣

《内外伤辨惑论》内文

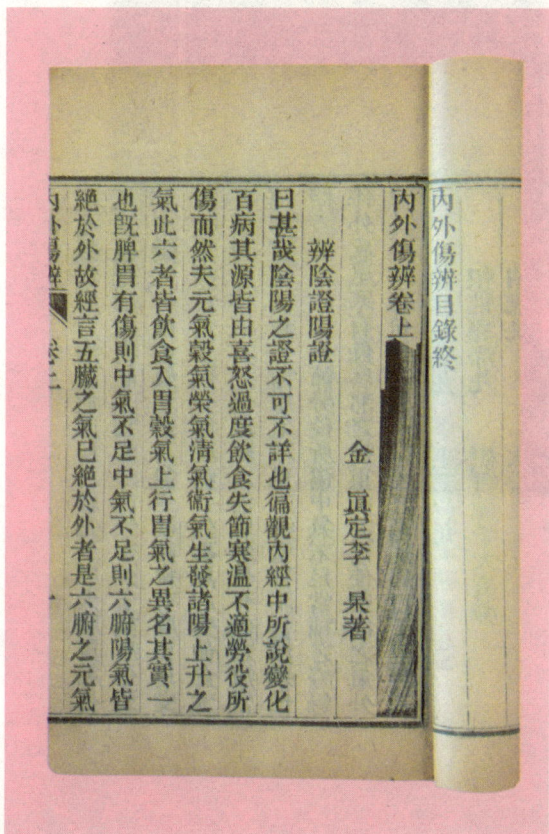

知识加油站

什么是内伤脾胃的症状？

现代人生活节奏加快，竞争激烈，熬夜、加班、节食、聚餐、暴饮暴食等，都会伤及脾胃，时间长了就会出现疲倦、四肢无力、抵抗力低下等症状，称之为亚健康。尤其小孩，先天脾胃弱，如果暴饮暴食，晚上来顿夜餐，必伤脾胃，感觉干吃不胖，或者屎屁酸臭，口有异味，这些都是内伤脾胃的症状。所以我们要养成良好的生活习惯，早睡早起，按时吃饭，不暴饮暴食，坚持锻炼，这样才会有健康的身体。

脾胃論

第六章

生命不息　著述不已

再次背井离乡，李东垣结识挚友；遇大师指点，与智者为伍，与善良的人同行。“不为良相，愿为良医”，李东垣决心为后人留下他一生从医的心得。

虽然汴梁已经解围，可是动乱没有平息，蒙古人的铁骑随时还会再来。百姓们都在议论哪里更安全，时刻准备搬家撤离。“往哪儿跑才更安全呢？”这是当时人们街头打招呼的问候语。也就在这时，李东垣遇到了元好问。

元好问（1190—1257 年），字裕之，号遗山，世称遗山先生，太原秀容（今山西忻州人），著名文学家、历史学家。

此刻的李东垣心中很彷徨，如果继续住在这里就要经历战乱的摧残，逃走又不知道往哪儿去？元好问看出了李东垣的心思，说：“你跟我走吧，我们到山东去，管吃管住。”人在困苦艰难的时候，突然有人指出一条明路，是何等高兴与感激呀！于是，李东垣决定背井离乡，跟着元好问一同前往山东。

山东有一个与众不同的大军阀，叫严实。他眼光独特，政治敏感，根据交战双方的势力与作战策略对比，他很快就发现南宋政府和大金国都坚持不长，而蒙古军气势汹汹，士兵们个个身强体壮，骁勇善战，霸气十足，骨子里自带一股猛劲儿，定能一统天下。要想城内百姓平安无事，就得归附蒙古，因此，山东部分地区在动乱的年代里相对稳定，老百姓没有遭到涂炭。严实虽为武人，可偏偏重视有学问的人，喜欢招贤纳士，因此当时很多文人都大老远跑来投靠他。元好问带着李东垣一起住进了严家，这一住就是六年。虽然衣食无忧，但毕竟寄人篱下，李东垣便开始继续行医，一来充实时光，提高医术；二来也可挣些花费。李东垣是一个很要强的人，认为自己有手有脚，总不能一直寄住在别

枯树

气吞山河

人家里。闲暇时间，李东垣用文字记载心中所想，整理完善《脾胃学说》一书。

元好问善于在官场走动，谋了个小官，经常要去外地当差。有一次元好问从济南回来，赶上温度骤降，“伤冷太过，气绝欲死”，李东垣给他开出几味小药，服下去就好了。对此元好问很是感激，认为是李东垣帮他捡回了条命。

有时李东垣还与元好问一起访友、踏青，经常去的就是范尊师的正一宫。范尊师对李东垣的影响很大，李东垣在自己的书中曾几次提起。

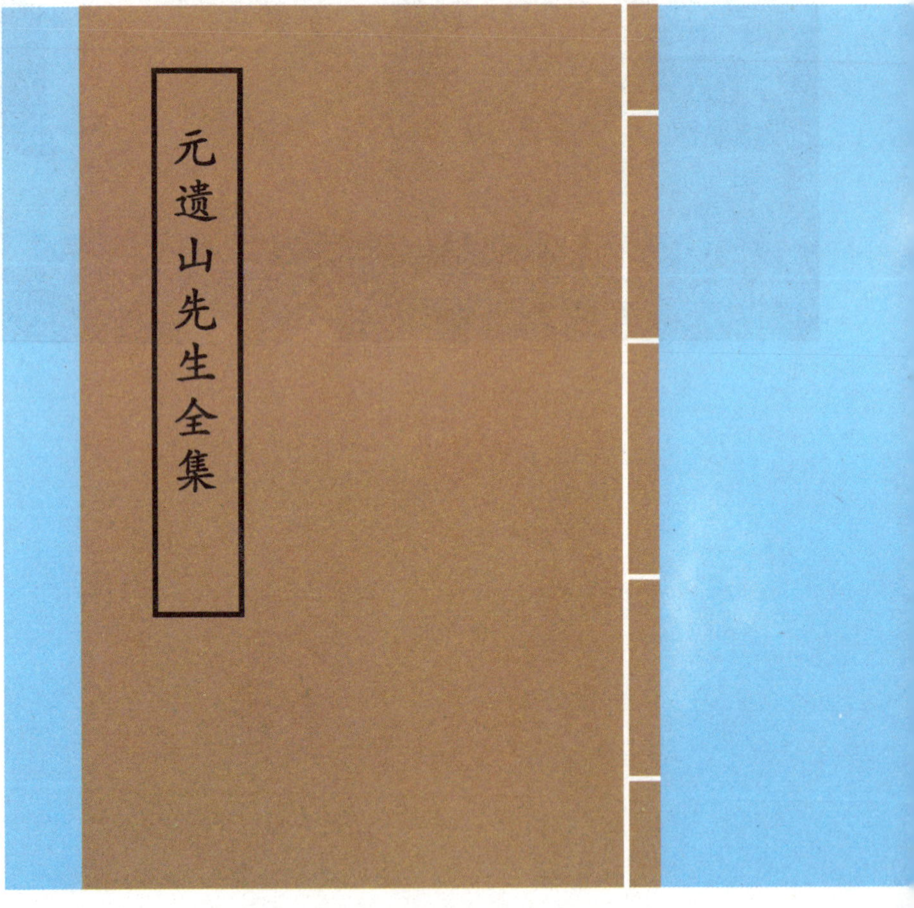

《元遗山先生全集》

范尊师原名叫范圆曦，因为是道人，“尊师”又是道教中对道人的尊称，所以人们称他为“范尊师”。当时的文人都喜欢到他那里做客，一来是敬重范圆曦，二来是听取高人讲道，提高自己的学识。

范圆曦又是何许人也？这要从他的师父说起，全真教王重阳在山东传道，招收了七个徒弟，丹阳子马钰、长真子谭处端、长生子刘处玄、长春子丘处机、玉阳子王处一、广宁子郝大通、清静散人孙不二，称“全真七子”。其中，广宁子郝大通，号太古真人，后来成为道教一位杰出人物，而范圆曦正是郝大通的大弟子。

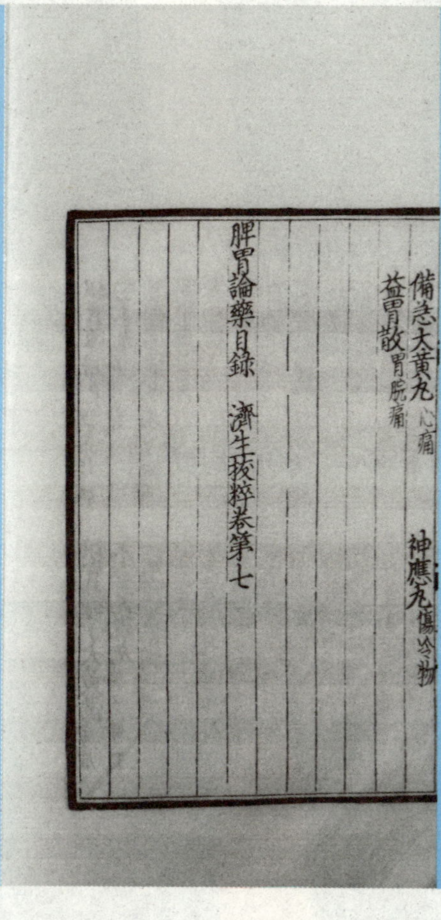

《脾胃论》内文

樓

范圆曦如此受人尊崇，除了因为得到师父的真传，也因为本人很优秀，还有一点就是有深厚的底蕴，此人乃大名鼎鼎的北宋杰出思想家、政治家、文学家范仲淹的后人。

李东垣经常去拜访范尊师。庄严肃穆的道观，香火缭绕，古树参天，透着岁月的痕迹，使李东垣总是不禁想起前尘往事。李东垣回想起自己漂泊、动荡的一生，别有一番忧愁涌上心头。

书房里，书香带着淡淡的茶香。

“最近你面容憔悴，眉头紧锁，有什么烦心事和我说说吧！”范尊师关心地问。

李东垣说：“尊师，我觉得，人生实在太苦了，找不到一点儿乐趣。”

范尊师放下茶杯，继续问：“何出此言？”

李东垣说：“作为大夫，看到成千上万的人在我的面前死去，我虽然拼尽全力，却也无济于事，刚刚救活了这个，那个又倒下了。天下为何如此之乱，苍生为何如此不幸啊！这样的生活让我透不过气来。”

“是啊，这是乱世。”

李东垣说：“他们要砍掉别人的胳膊、要杀掉一个人很容易，为什么我们救治一个人却这么难？”范尊师默默地听着。

李东垣说：“我经常感到迷茫，找不到前

参天古树

进的方向，不知道何时才能看得见光明。”

沉默片刻，范尊师坐正身子，直视着李东垣，铿锵有力地说：“你已经做得很好了，不要放弃，我们现在所做的一切，不仅仅是为当世的人，更是为后世子子孙孙能传承医术，总有一天能够守得云开见月明，国泰民安，那个时候的百姓更需要你的学问。”

李东垣凝视着范尊师炯炯有神的双眼，那里有坚毅、有鼓励，更有恳求。

范尊师说：“虽然你我可能永远等不到那一天，但是我们的医术在，著作在，精神在，就仿佛我们也在！”

范尊师又说：“这个世界并不黑暗，光明永远都在我们心里。”范

月亮

山清水秀

树林

尊师指了指自己的心口：“为了这一线光明，我们要坚持奋斗下去！”

一个人，生在盛世还是乱世，是自己无法左右的，但我们能做的是让自己发挥所长，不留遗憾，让生命在时空中无限延长。我们已经无法知道，有多少生在乱世的大夫，在面对饥饿、杀戮、动荡之时，尽管他们的眼前一片黑暗，铺满荆棘，但他们凭借心中的不灭火焰，凭着自己的信念活了下来，并创造出了不朽的中医文化。

知识加油站

范仲淹的生平如何？

范仲淹（989—1052年），字希文，汉族，苏州人，北宋杰出的思想家、政治家、文学家。

梅花

范仲淹像

第七章

东垣精神代代传

落叶归根，李东垣再次踏上家乡的土地，感慨万千，他要把有限的生命活成一道光，照亮中医发展前进之路。

1243年，已过花甲之年的李东垣，告别范尊师和元好问，离开了山东，从此离开了这个令他困苦，又让他重生的地方，回到自己的家乡真定。

家乡的土地早已荒芜，触目所及是陌生的面孔与场景，但没有改变的是百姓们对生活淳朴又乐观的追求。李东垣捧起一抔泥土，深深地嗅着家乡的气息，眼前出现李家当年的风光、战乱的铁骑、背井离乡的村民。如今的李东垣双鬓斑白，两袖清风，经历过太多的事情，已经身心俱疲。虽然如此，但他深知自己还有更重要的事情未完成，初心不应改，他要把生命的最后时刻奉献给中医事业。

荷花

李东垣准备先收徒弟，把毕生所学传给后人。

李东垣把自己的想法告诉了身边的朋友，并让朋友帮忙物色人选。

有一位叫周德父的朋友推荐了一个叫罗天益的人，这个人性情敦厚，十分简朴，曾经痛恨自己所学不够，有志于继续学习。

李东垣很高兴，让周德父安排罗天益来见面。罗天益是穷苦人家出身的孩子，勤奋、品性好。为了见面，他给李东垣写了一封信，信中表达了自己对李东垣的敬仰和拜师的心情。

李东垣先把信看了一遍，问罗天益："汝来学觅钱医乎？学传道医乎？"罗天益思考片刻，行了个礼，回答道："亦传道耳。"亦，"也"的意思。罗天益早已成家，需要养活妻小，罗天益回答的意思是如果掌握了高超的医术，既可以养家糊口又能传扬医道，一举两得。真是个聪明的学生，李东垣听了罗天益的回答暗暗赞许，又考了两个小问题后，就决定正式收罗天益入其门下。

了解到罗天益家里很贫穷，为了能够让他安心学习，李东垣免收了他学习和吃住的费用。

罗天益跟随李东垣学习了三年，李东垣觉得罗天益的确是个不可多得的人才。为了把罗天益留住继续学习，李东垣拿出一些银两，把罗天益叫来，对他说："我知道你家里生活比较困难，怕你动摇了学习医学的信心，半途而废，现在这些钱给你，拿回家去养活妻小吧！"罗天益连忙推辞，哪有这样的师父，自己不交学费也就罢了，还白吃白住，白吃白住也就算了，还倒搭钱。李东垣拍拍胸脯，说："比这点

古代银两

儿钱更贵重的学问我都给你了，还在乎这点儿银子吗？你就不要推辞了！”是呀，钱财乃身外之物，装在人脑子里的知识和思想的价值远远超过了金银。

这段师徒对话被传为佳话。不同寻常的师父，遇到了不同寻常的徒弟。在李东垣的资助下，罗天益认真刻苦地跟随师父学习了八年，直到李东垣去世，尽得其传。

有了传人，还需要文字记载，要有书籍问世，才能让更多的人学习医术。李东垣在家乡治疗了大量的患者，从有时间记载的医案来看，《东垣试效方》中几乎全部的医案都出自这个时期。他还整理了自己

《兰室秘藏》

的理论和经验，将已经写过的《内外伤辨惑论》重新整理，其他如《脾胃论》《兰室秘藏》《活法机要》《医学发明》等书的大部分内容也都整理了出来。

有了徒弟罗天益之后，李东垣治病的医案就有专人记录了，后人才得以看到更多诊病的资料。

有个叫王善甫的患者，得了比较麻烦的病，小便不利，肚子胀得像鼓一样，膝盖以上的皮肤也开始变得坚硬粗糙，皮肤像要裂开似的，根本没办法吃饭、喝水。其他的医生用了各种利小便的方法，都没有改变。于是请来了李东垣。李东垣只望了一眼，就断定这是个危急重症。

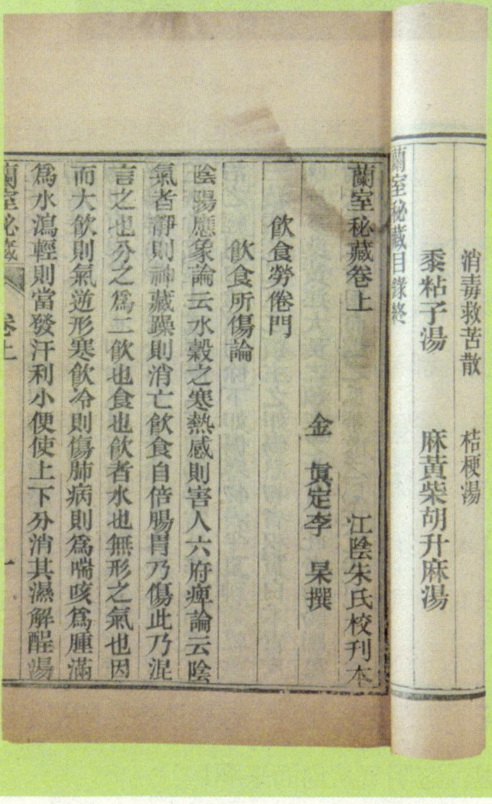
消毒救苦散　桔梗湯
黍粘子湯　麻黃柴胡升麻湯
蘭室秘藏目錄終
蘭室秘藏卷上　江陰朱氏校刊本
金　眞定李　杲撰
飲食勞倦門
飲食所傷論
陰陽應象論云水穀之寒熱感則害人六府痺論云陰
氣者靜則神藏躁則消亡飲食自倍腸胃乃傷此乃混
言之也分之爲二飲也食也飲者水也無形之氣也因
而大飲則氣逆形寒飲冷則傷肺病則爲喘咳爲腫滿
爲水瀉輕則當發汗利小便使上下分消其濕解酲湯
蘭室秘藏　卷上

《兰室秘藏》内文

圆月

李东垣当时虽然已经是名医了，但他看病时还是十分谨慎的，没把握的患者决不轻易接手。他说：“这个患者的病已经很危急了，如果不仔细研究好是无法处理的，让我回去好好研究一下吧。”

李东垣回到家认真地分析，但总是没弄明白，为什么利小便的药不起作用呢？晚上，都躺下睡了，半夜的时候，李东垣忽然拿着衣服就起来了，大声说：“我想明白了！”罗天益也忙起身，看来是自己的师父得解了。罗天益赶快拿笔开始记录师父的医治思路、病情分析。

李东垣衣服还没穿好呢，就开始说：“《黄帝内经》说过，膀胱是负责津液的器官，只有在气化功能正常的时候，水液才能出来！可现在这些大夫用了淡渗利湿的药，却没有效果，这是气化不正常的缘故啊。‘无阳则阴无以生，无阴则阳无以化。’这些淡渗之药都是阳药，只有一个孤独的阳气在那里，这阴气从何而来啊！”

《黄帝内经》

罗天益将师父所说一一记录下来。第二天开方，李东垣用了很多药性属阴的药物，患者尿也出来了，肚子也不胀了，病很快就好了。人们都说李东垣是个名副其实的好大夫。

李东垣回到家乡后，元好问也来到过真定。当然，元好问不是特别来看李东垣的，他是当时的大名人，朋友多，所以到了真定后就东家走西家逛。元好问先去的就是前面那个患者王善甫家。王善甫是京城酒官，当然家里也有好酒，元好问平时喜欢饮酒，就多喝了点儿。结果没过两天，元好问就发现自己脑袋后面的头颈部位生了个小疮。开始元好问还没在意，两天后开始觉得疼。之后见到李东垣，两人光

千山万水

顾着见面高兴了，结果忘了问这个小疮的事儿了。再过两天，元好问开始觉得脖子发硬、发麻，这个时候开始有人吓唬他了："您没听说本地有个刘大人就是脑袋长疽刚死的！"

在古代，后背或者脑后长的疔疽是真的能致人死亡的，比如项羽的亚父范增就是患背疽死的。元好问吓坏了，而且这个疮疽疼得他已经无法入睡了。元好问找了一个大夫，大夫先给他开了点儿药，然后知道元好问是个名人，自己看又不放心，就把他的师兄请来一起看。诊断的结果是：现在没法治了，要等到十八天后脓出来后再处置，三个月后才能好。元好问胆战心惊，越想越害怕，心里琢磨："这么疼下去，十八天

黄芩

后我是坚持不了的！”于是想起应该找李东垣给看看。

李东垣一看元好问的病处，并没当回事，嘘寒问暖，谈笑如常。元好问就急了:“我都病成这样了，你怎么不着急呢，赶紧给我开药啊。”

其实，李东垣最了解元好问，面对这个急性子，如果此时表现出焦急恐慌、十分担忧的样子，估计元好问心里更承受不住了。于是他先利用心理战术，稳住元好问，一边观察病情，一边攀谈，听他讲讲生病的过程。李东垣说:“这个疮疽是有点儿严重，只要你相信我，保证你能好！”说完就回家了，弄得元好问一头雾水。

当天下午，李东垣就带着药箱来了。开药前李东垣给元好问讲了一些道理，李东垣明白，对元好问这种特有学问的人，就要在道理上

云雾缭绕

中药材

给他讲清楚，让他从心底里承认和接受，否则这种人特别多疑，回头想不明白，治疗一半儿说不定又跑哪个庸医那里去了。

李东垣开的方子里有黄连、黄芩、生地黄、酒知母、羌活、独活、防风、藁本、防己、当归、连翘、黄芪、人参、甘草、苏木、泽泻、橘皮、桔梗等。他告诉元好问，服药后会精力旺盛，胃口增加，筋骨健壮。元好问也不管那么多了，一口把煎好的药喝了，喝完后感觉很困，倒在床上就开始大睡。

元好问整整睡了一个对时，醒后，他赶紧用手一摸，咦？太神奇了，疮消了七八分。估计是病怕了，元好问怀疑疮会不会转移了，换个地方再冒出来啊。他看看肚皮，又检查检查四肢，赶快喊来李东垣。李东垣来了一看，说："从今天开始记着天数，不出五七天就该结痂了，就可以出门了。"

元好问又服了几天药，病就全好了。他似乎比平时更强壮了，这次的治疗只用了十四天的时间。实际上，李东垣在治疗疮疽的同时，也捎带把元好问的身体给调理了一下。

元好问佩服极了，亲自记录了治疗过程，并在最后加了一段话，大意是：别的医生也可能治好我的病，但是能像李东垣这样，除了治疗疾病，还能把治疗的道理讲得一清二楚的，

防风

我平生只遇到过李东垣一个人。

有个叫李和叔的人，因为子嗣的事情出了问题，一直以来郁郁寡欢。有一天他实在忍不住了，就找到了李东垣，说："我向您请教个问题，我中年以后得了个儿子，可是长到一岁，出了问题。"李东垣很好奇："什么问题呢？"李和叔说："他的身上长了一种红色的瘤子，结果治疗后没有效果，死了。"

李东垣："有这等事？"李和叔："是啊，还没完呢，后来我又有了三四个孩子，长到一二岁的时候均死于红色瘤，请您帮我想想办法吧！"李东垣听了也感觉有些蹊跷。最后，李东垣本着负责任的精神，对李和叔说："这样吧，我回去试着研究一下，看看能不能拿出个办法来。"

上善若水

黄连

回家以后，李东垣照例仔细地研究着这个病例。第二天，李和叔又来了，李东垣告诉他："我已经知道为什么了！"李和叔非常好奇，着急地问："为什么？"李东垣解释道："您的肾里面有伏火，也就是潜藏在里面的火邪，以气相传生子，所以孩子都有这样的疾病，触遇而动，病发在肌肉之间，俗称胎瘤。"也就是说，李和叔本身火邪致病，通过基因遗传给了孩子，等到后天遇到诱因，便会发病。李和叔表示很佩服。于是李东垣开了药方，用了滋肾丸来"泻肾中之火邪，补真阴之不足"，同时告诉李和叔一定要忌酒、忌食辛辣的食物。

李和叔在李东垣的治疗下，后来又生了个儿子，长到三岁也没有发病，到后来一直顺利长大成人。经过了这个事情，李和叔对李东垣佩服得五体投地、心悦诚服。后来，李和叔拜李东垣为师父，跟随他学习，成为李东垣的又一个弟子。

八年的时光很快就过去了，此时的李东垣已经是一个老者了。长年的奔波、饥饿与劳累过早地消耗了他的体力。近些年写书、授徒、诊病也使这位老人精力大损。但是当年范尊师叮嘱过他的话却仿佛一直在他的耳边回荡，他知道，留给自己的时间不多了，他必须加快进度，实现愿望。

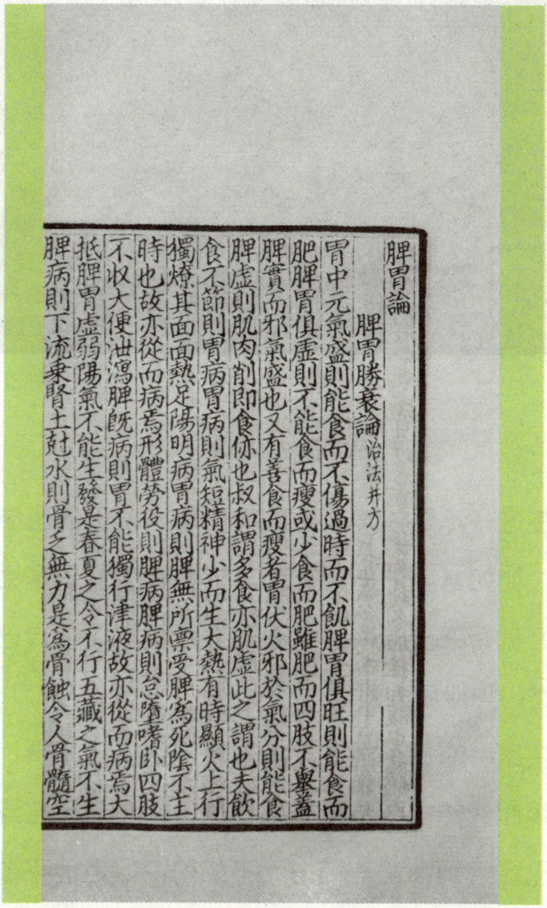
脾胃論
脾胃勝衰論 治法并方
胃中元氣盛則能食而不傷過時而不飢脾胃俱旺則能食而
肥脾胃俱虛則不能食而瘦或少食而肥雖肥而四肢不舉蓋
脾實而邪氣盛也又有善食而瘦者胃伏火邪於氣分則能食
脾虛則肌肉削即食㑊也叔和謂多食亦肌虛此之謂也夫飲
食不節則胃病胃病則氣短精神少而生大熱有時顯火上行
獨燎其面面熱足陽明病胃病則脾無所禀受脾爲死陰不主
時也故亦從而病焉形體勞役則脾病脾病則怠惰嗜臥四肢
不收大便泄瀉脾既病則胃不能獨行津液故亦從而病焉大
抵脾胃虛弱陽氣不能生發是春夏之令不行五藏之氣不生
脾病則下流乘腎土尅水則骨乏無力是爲骨蝕令人骨髓空

《脾胃论》内文

在这八年里，李东垣重新梳理了自己的医学思想理论体系，汇集成册，比如《内外伤辨惑论》《脾胃论》《伤寒会要》，其中仅《伤寒会要》就有三十万字。剩下的好多资料，他自己没有时间整理，就分成了类，等待后人整理。

在最后的日子里，李东垣放下手中的事情，常常坐在那里，看远处连绵起伏的山脉，看云起云落，回想自己这漂泊的一生。罗天益这些天已经感到师父的精力大不如前，但是他不敢相信离别的时刻就在

江山如画

眼前。

一天，李东垣把罗天益叫到房间里。罗天益见案几上摆满了书稿。虚弱的李东垣望着罗天益，望着这个即将接过重担的弟子，吃力地对他说：“天益，我自知时日无多了，这些是我平时整理的资料，全部是我的理论和经验总结，现在，我把它们已经分好类，全部交给你！”罗天益听到这些告别的话语，泪水喷涌而出，跪到地上，望着师父，说不出话来。

铁药碾子

梅花

李东垣叹了口气，接着说："这些书给你，不是为了我李东垣，也不是为了你罗天益，是为了子孙后代！希望你一定将它们传下去，千万不要让它们湮灭了！你一定要答应我。"罗天益已经哭得难以言语。

李东垣已经没有了力气，只是认真地注视着罗天益，想亲耳听到他的回答。罗天益边哭边磕头："师父，我答应您！我答应您！"李东垣松了口气，慢慢地闭上了眼睛。

这个昔日的富家少年，人们因他家的财富而认为他的生活一直是潇洒的。但实际上，在一生绝大部分时间里，他都生活在瘟疫、灾荒、战乱、饥饿、居无定所的煎熬之中。他生活在暗无天日的动乱年代，

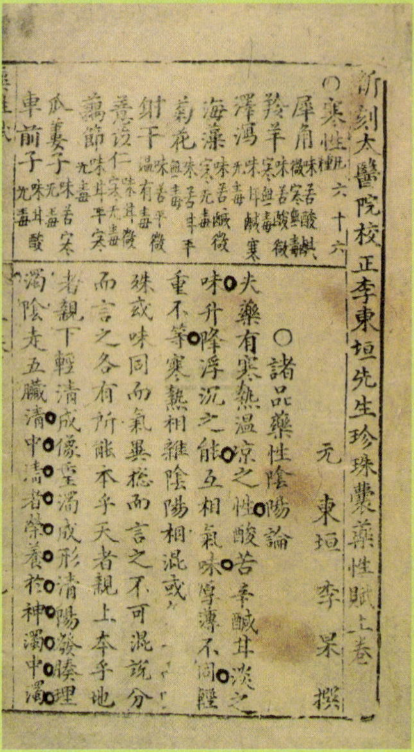
新刻太醫院校正李東垣先生珍珠囊藥性賦上卷
元 東垣 李杲 撰
○寒性 六十六
犀角
羚羊
澤瀉
海藻
菊花
射干
薏苡仁
藕節
瓜蔞子
車前子
○諸品藥性陰陽論
夫藥有寒熱溫涼之性酸苦辛鹹甘淡之
味升降浮沉之能互相氣味厚薄不同輕
重不等寒熱相雜陰陽相混或氣
殊或味同而氣異總而言之不可混說分
而言之各有所能本乎天者親上本乎地
者親下輕清成像重濁成形清陽發腠理
濁陰走五臟清中清者榮養於神濁中濁

《脾胃论》内文

经历了人世间最为困苦的一幕，但是，他却凭着自己的信念，领会了医道的真谛，挽救了无数人的生命，又为我们留下了宝贵的中医财富。李东垣思想的光辉永远闪耀着万丈光芒，普照大地，惠泽人类。

在李东垣去世后，罗天益侍奉孝敬师母大人如同生母，一直到老人家八十岁去世。好人终有好报，经过多年的摸索和学习，罗天益自己也终成一代中医名家，在元代太医院任太医。任职期间，他把李东垣留下的书稿一本本地整理，然后进行刊印，为后世留下了宝贵的财富。在这些书里，他都给了详细的标注。他曾不止一次强调："这是我师父李东垣写的，我只是在做整理工作。"在将师父的书稿整理完毕后，他才结合自己的经验和心得撰写了《卫生宝鉴》。在这本书刊印的时候，他特意把当年到师父家拜师时写给师父的那封信放在了目录的前面，他不仅是在用这种方式怀念师父李东垣，更是为了激励后人，坚定信念，克服困难，努力学习，勇攀高峰。

山岭

知识加油站

罗天益（1220—1290年），字谦甫，真定（今河北正定）人，元代医学家。他幼承父训，有志经史，攻读诗书；长大后逢乱世，弃儒习医。罗天益生活于金末元初，他的学术思想遥承于张元素，授受于李东垣，突出脏腑辨证、脾胃理论等"易水学派"特色，成为易水学派理论形成和发展过程中承前启后的一位重要医家。他的主要学术思想均反映在《卫生宝鉴》一书中。

后记

2020 年，恰逢李东垣（1180—1251 年）诞辰 840 年，我们怀着敬畏之心纪念这位杰出的中医“脾胃论”之祖。李东垣既是医学家，也是医学教育家，他一生致力于解救百姓于疾苦之中，同时也培养了大批优秀人才。

李东垣和他的弟子整理了大量的临症经验总结，为后人留下了丰富的医学史料，著有《脾胃论》《内外伤辨惑论》《兰室秘藏》等，流传甚广。1529 年《东垣十书》问世，此丛书选录李东垣等宋、金、元医家著作十种。除上述三种外，还包括《脉诀》《局方发挥》《格致余论》《此事难知》《汤液本草》《医经溯洄集》《外科精义》等经典著作。

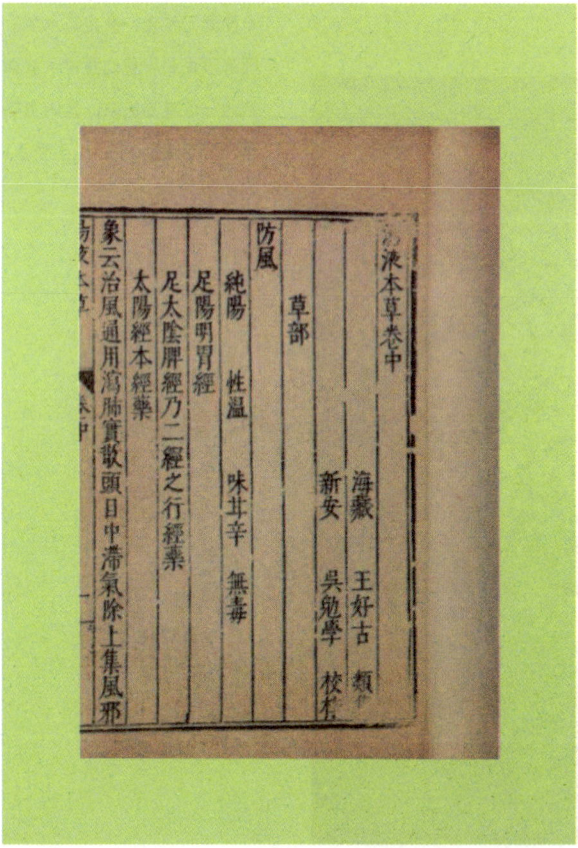
湯液本草卷中
海藏　王好古　類
新安　吳勉學　校
草部
防風
純陽　性溫　味甘辛　無毒
足陽明胃經
足太陰脾經乃二經之行經藥
太陽經本經藥
象云治風通用瀉肺實散頭目中滯氣除上焦風邪

《汤液本草》内文

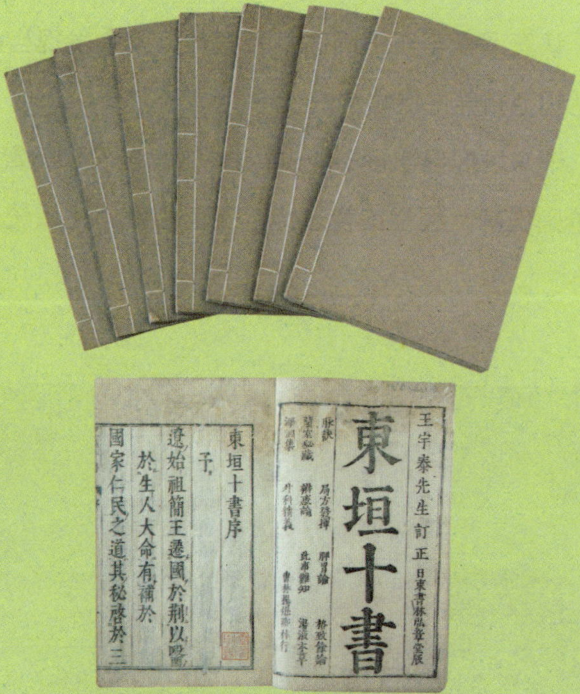

《东垣十书》

青年时期，李东垣师从张元素学医，尽得所学，但又有所发挥，主张古为今用，张弛有度，拟古而不拘古，以古为鉴，又非按图索骥。他首次将内科疾病系统地分为外感和内伤两大类，这对临床上的诊断和治疗有很强的指导意义。

认真阅读李东垣的医案和著作，就会发现当中蕴含着丰富的日常生活规范和养生保健常识。

李东垣提倡饮食不能过饱。“饮食自倍，肠胃乃伤”，他认为饮食劳倦则伤脾，经常饮食过饱，不仅会使消化系统长期负荷过重，导致

内脏器官过早衰老和免疫力低下，而且过剩的热量还会引起体内脂肪沉积，引发“富贵病”或“文明病”。人体内在元气充足，疾病就不会发生，而元气充足与否，关键在于脾胃是否健壮，脾胃之气充足，才能身强体健，百病不侵。

李东垣强调多食五谷杂粮。“白粥、粳米、绿豆、小豆之类，皆淡渗利小便。”五谷杂粮里面含有大量的膳食纤维，可帮助促进肠道蠕动、排除毒素、预防便秘。但在这里要提醒大家，五谷杂粮应以新鲜者为好，一方面新鲜粗粮含有较丰富的营养物质；另一方面新鲜粗粮不易被黄

曲霉素侵蚀，久置的粗粮易霉变，不但不能强身健体，其中的黄曲霉素还有可能诱发疾病。

李东垣告诫人们饮食不要过咸。“忌大咸，助火邪而泻肾水真阴，及大辛味蒜、韭五辣、醋、大料物、官桂、干姜之类，皆伤元气。”清淡饮食似乎大家都知道，但在这里要强调的是清淡饮食的前提条件，即食物应该多样化，主食以谷类为主；多吃蔬菜、水果；经常吃奶类、豆类和适量的鱼、禽、蛋、瘦肉。只有这样，才能保证饮食中的蛋白质、脂肪等营养素满足人体基本的需要。在此基础上，再提倡清淡少盐，

蔬菜

对脂肪和食盐的摄入量加以控制，才能真正促进健康。

他还提醒人们不要喝太多的酒。李东垣说：“夫酒者大热有毒，气味俱阳，乃无形之物也。”长期嗜酒容易引发多种疾病，如高血压、糖尿病、胃炎、胆囊炎，甚至会导致人的智力下降。

李东垣注重精神调摄在养生保健中的意义。“少思寡欲，调摄精神”，安于淡泊以养肝气；少思以养心气；寡欲以养肾气；省言以养肺气。告诫人们清净少欲，不图名利，爱身自重，这样个人得失不介于怀，心胸开朗，情绪乐观，性情稳定，嗜欲不能劳其目，淫邪不能惑其心，

旭日东升

气血自然调和，永葆健康长寿。

李东垣根据寒热温凉气候变化对脾胃的影响，提出了四时用药的方法。如春时宜酌加清凉药、夏时宜酌加寒药、秋时宜酌加温药、冬时宜酌加热药等。他还强调预防的重要性，如宜温暖、避风寒、省言语、少劳役等，这些都不离“调其饮食，适其寒温”的总原则。

关于李东垣的故事和他的医学影响就讲到这里，其实他的很多医案都值得我们研读和借鉴。

看完这本书，相信你对李东垣有了一定的了解。正是因为有千千万万个像李东垣这样坚韧不拔、不忘初心、砥砺前行的中医人，才有了祖国中医药事业的锐意发展。中医药正以崭新的面貌走向世界，被世界各国人民所认可，服务于世界人民。